AF595241

DE L'IMPORTANCE
DES
LANGUES ORIENTALES
POUR
L'EXTENSION DU COMMERCE,

Les progrès des Lettres & des Sciences.

ADRESSE
A L'ASSEMBLÉE NATIONALE.

PAR L. LANGLÈS

Officier du Point d'honneur & Chasseur Volontaire de la Garde Nationale Parisienne.

A PARIS,

Chez CHAMPIGNY, Imprimeur-Libraire, rue Haute-Feuille n°. 36.

Et à STRASBOURG, chez KOENIG, Libraire.

1790.

ADRESSE
A
MESSIEURS LES DÉPUTÉS
DE
L'ASSEMBLÉE NATIONALE

Sur l'importance des langues Orientales.

MESSIEURS,

Depuis long-tems nous languissions dans l'insouciance & l'avilissement ; pour nous tirer de ce honteux état, il falloit une grande révolution ; les philosophes, les politiques & quelques historiens, même, l'invoquoient, la prédisoient, la fomentoient. Enfin, leur utile & mâle éloquence à reveillé notre énergie engourdie par l'habitude de l'esclavage, mais non pas entièrement anéantie. Malgré les vaines précautions du despotisme, & les pieuses ruses de la superſtition, la révolution déjà opérée dans les esprits, éclate ouvertement &, en un seul jour, naissent à la liberté vingt-cinq millions d'hommes. Cette précieuse liberté eſt donc le fruit du progrès de nos connoissances. J'en appelle au témoignage, de nos sages représentans dont pluſieurs avant de nous diĉter des loix, nous ont éclairés par leurs ouvrages. Vous savez, MESSIEURS, qu'elle a été l'influence des lettres sur le sort de notre patrie, & combien à des époques moins glorieuses, elles nous vengeoient du mépris que notre legéreté, notre inconséquence & nos défaites, nous attiroient de la part de nos voiſins. Ne faisons donc pas cette injure à la sagacité, à la gratitude de l'assemblée nationale de douter de son empressement à encourager des travaux auxquels elle doit son exiſtence, & la France son affranchissement.

Quoique tous les genres de littérature n'ayent pas également influé sur notre régénération, l'on ne doit négliger aucun de ceux qui, dans les circonstances présentes, peuvent contribuer à la gloire ou à la prospérité de l'état. Je ne craindrai pas d'avancer, je me flatte même de prouver que l'étude des langues orientales trop négligée en France (1), réunit ce double avantage. Elle servira également à étendre nos connoissances, à perfectionner nos sciences, & à augmenter nos richesses en facilitant notre commerce avec l'une des plus belles parties du monde. Cette vérité m'a paru assez intéressante pour mériter une discussion particulière ; en outre, je ne puis me dissimuler qu'aux yeux de beaucoup de mes lecteurs elle aura besoin de preuves. Celles que je vais présenter ont déjà l'approbation de plusieurs juges éclairés qui m'ont eux-mêmes sollicité à publier cet écrit.

La Littérature orientale dont j'ai déjà tracé une légere esquisse dans un ouvrage précédent (2) offre une carrière immense dont nous ne connoissons pas encore toute l'étendue.

Chaque partie pour être développée d'un manière satisfaisante, exigeroit au moins un volume séparé. (3)

L'HISTOIRE de l'Asie, malgré l'éloignement de la scène, & l'obscurité des acteurs, est si féconde en grands événemens, en révolutions, en mœurs nouvelles & en caractères vigoureusement prononcés, qu'elle offre une vaste moisson de faits intéressans à l'écrivain capable de les disposer, & de les montrer sous leur véritable point de vue. C'est un travail dont les orientaux seront toujours incapables tant que le sceptre du despotisme pésera sur leur tête, & que les superstions religieuses abrutiront leur esprit; car, il faut l'avouer, ils ignorent absolument la *manière d'écrire l'histoire* (4), mais, en recompense, ils possédent au suprême degré le *talent de conter.* D'après le succès prodigieux des *Mille & une nuits* (5), on me dispensera de faire l'éloge de leurs productions dans ce genre; on sait quels efforts nous avons faits pour les imiter sans pouvoir les égaler.

Leurs FABLES (6) aussi ingénieuses que

leurs CONTES, sont plus utiles par leur but moral, souvent elles renferment des vérités qu'on n'oseroit dire dans un pays soumis aux caprices d'un despote ombrageux. Ce fut un esclave, dit-on, qui inventa les Fables. Je le crois sans peine ; jamais un homme libre n'auroit imaginé de charger les bêtes, d'insinuer à son semblable des vérités qu'il auroit cru devoir annoncer lui-même avec toute l'énergie de la persuasion. Lorsque la crainte nous a privés de la parole, il est assez naturel de donner cet organe, désormais inutile, à des êtres qui s'en serviront mieux que nous.

Si le systême politique de l'Asie a produit l'Apologue, c'est la Nature même qui a créé la Poésie parmi les Orientaux. Ils sont Poëtes en naissant, & s'occupent tellement de perfectionner ce talent, qu'on peut le regarder comme une de leurs plus vives passions. Je suis même intimement persuadé qu'ils ont cultivé les vers avant la prose.

Quoique leurs genres de poésie soient multipliés à l'infini, on peut les réduire à sept principaux, dont j'ai donné une courte description dans mon *Discours sur la Littérature orientale*. Ils ont des Poëmes historiques & héroïques remplis de feu & d'imagination, de charmantes poésies amoureuses, élégiaques, des chansons pleines de grace & de sensibilité. Leurs comparaisons toujours puisées dans la Nature, valent bien nos allégories grecques. Ces Ouvrages perdent beaucoup de leurs beautés dans les traductions, ils doivent être lus dans le texte original, & le méritent bien. Mais il en est d'autres qui sont précieux dans toutes les langues, tels que les Traités de Sciences. Bien long-tems avant que nous sortissions du triste état de nature ou plutôt de barbarie, les Orientaux étoient savans, policés; ils cultivoient la Médecine, la Chymie, l'Histoire Naturelle l'Astronomie, & la Géographie; s'ils n'ont pas tout poussé au même degré de perfection, il n'en est pas moins certain qu'ils ont une foule de procédés & de secrets que nous ignorons; car nous ne devons pas oublier qu'ils sont nos premiers maîtres dans plusieurs sciences, pour lesquelles leur climat est bien plus favorable que le nôtre.

Outre cette multitude innombrable d'ouvrages littéraires & techniques, les langues orientales contiennent beaucoup de traductions, dont plusieurs pourroient nous servir à réparer la perte des originaux que nous regrettons. Il y a même lieu de croire, que dans les nombreux Commentaires arabes & persans d'*Aristote*, de *Platon*, d'*Euclide*, &c., nous trouverions beaucoup de connoissances nouvelles pour nous, & qui appartiennent particuliérement aux Orientaux, chez qui les Grecs eux-mêmes ont été s'instruire.

Nous devons à ces peuples nos principales notions dans les sciences, dans la philosophie, la partie fondamentale de notre systême religieux; & sans une certaine indifférence, qui tenoit autant à notre légereté, qu'à notre ignorance, nous aurions tenté plus d'une fois de retourner chez eux, afin d'y faire de nouvelles acquisitions. Pour se former une légère idée de leurs travaux, il suffit d'ouvrir les volumineux Catalogues des Manuscrits orientaux de *la Bibliothèque du Roi*, de celle de l'*Escu-*

riale, (7) du *Vatican*, &c. ; & malheur au Littérateur orgueilleux ou indifférent, qui alors ne se sentiroit pas tourmenté d'une curiosité involontaire de parcourir des Ouvrages dont les titres seuls nous donnent des idées nouvelles, & nous promettent autant d'amusement que d'instruction. Je pourrois encore citer les différentes traductions publiées chaque jour par nos voisins ; car, tandis que nous daignons prendre à peine quelque notion de latin & de grec, les Danois, les Suédois, les Allemands, les Hollandois, les Italiens, les Espagnols même (8) & les Anglois sur-tout, étudient avec une ardeur incroyable les langues anciennes & modernes de l'Asie. Un motif, à la vérité, plus puissant encore que l'amour des lettres, leur propre intérêt les porte à cette étude ; puisqu'ils en tirent le plus grand avantage pour le commerce. C'est relativement à leur puissante influence sur cette principale source des richesses d'un Peuple bien gouverné, que je traiterai ici des langues orientales.

Pour commercer avec avantage en Asie & obtenir la confiance des naturels, il faut savoir parfaitement leur langue. Un négociant qui leur parle immédiatement fera mille fois plus d'affaires avec eux, & court beaucoup moins de danger que celui qui eſt obligé d'employer un interprête.

Les Orientaux, naturellement soupçonneux, & pleins de mépris pour les étrangers, qu'ils regardent tous comme des barbares, accordent cependant une certaine confiance & même quelqu'eſtime à ceux qui entendent leur langue & savent déchiffrer leurs livres. Leur geſte, toujours plein d'expreſſion, & leur phyſionomie sur laquelle se peint l'étonnement, semblent dire: « voilà un infidèle, presque digne d'être » Musulman. » On sent combien cette idée eſt avantageuse pour celui qui l'inspire. D'abord il traite plus facilement avec des marchands dejà prévenus en sa faveur; en outre il ne craint pas d'être induit en erreur par la mauvaise foi d'un interprête qui a autant de facilité que d'intérêt à le tromper.

Imaginez un négociant aſiatique ne sachant pas un mot de français & transporté à Paris ou dans une de nos grandes villes de commerce, combien d'intrigans s'empressent de le circonvenir, dupé par ceux avec lesquels il traite ; trompé par ses commis, il se trouvera engagé dans des procès qu'il perdra, malgré la justice de sa cause, faute de savoir s'expliquer. Ce ne sont point des suppositions dépourvues de tout fondement que je présente au lecteur. Parmi le grand nombre de faits sur lesquels je pourrois m'appuyer, il me suffira de citer l'exemple d'un ancien marchand d'esclaves du fameux *Aly* Beye (9), qui étoit venu dans cette capitale pour y faire le commerce de plumes d'autruches, sans savoir le français. Mille fois j'ai vu le pauvre *Mohammed* Hadjy, (c'étoit le nom de ce négociant), pestant après ses correspondans & ses débiteurs, il me montroit des lettres & des billets dont le contenu différoit beaucoup de ce qu'on lui avoit annoncé; enfin il seroit difficile d'évaluer les pertes que son ignorance lui a causées.

Les Européens qui veulent commercer en Asie avec aussi peu de connoissances que *Mohammed* Hadjy doivent se préparer à des désagrémens plus fâcheux que ceux qu'il a éprouvés parmi nous ; les négocians, les courtiers & les juges de l'Orient, ne sont pas plus loyaux qne les nôtres ; à cette vermine dévorante s'en joint une plus impitoyable, les douaniers de tous les ports de l'Asie en général, les pachas des villes de la Turquie où nous n'avons pas de consul, les Beyes oppresseurs de l'Egypte & leurs officiers plus tyranniques encore, semblent tous conjurés pour la ruine des malheureux étrangers ; en effet, comment vous soustraire aux avanies de toute espèce qu'ils ne cessent de vous susciter, si vous ne pouvez plaider vous-même votre cause, & s'il faut vous confier à un interprête naturellement porté à favoriser ses compatriotes & qui a souvent part à vos dépouilles ?

Je pourrois invoquer ici le témoignage des négocians & des voyageurs qui ont parcouru le Levant, je pourrois citer les écrits de plusieurs savans membres de la compagnie anglaise des Indes Orientales, qui ont recommandé à leurs compatriotes l'étude du Persan. Le célèbre M. *Hastings* qui a contribué infiniment au progrès des langues orientales dans les établissements anglais (10), a même pris la plume pour en démontrer toute l'utilité. Mais une preuve plus forte encore que toutes ces autorités, est la stagnation du commerce de l'Asie, chez nous, à qui il ne manque absolument que la connoissance des langues pour le faire avec autant de facilités que d'avantages, tandis que nos voisins étendent d'autant plus le leur, qu'ils se livrent davantage à ces mêmes langues.

Les Allemands qui, avant leur guerre contre les Turcs, avoient des relations si intimes avec eux, sont célèbres par leurs savans ouvrages sur les langues Arabe & Turque; & d'excellens professeurs les enseignent dans différentes universités de l'empire, à Vienne particulièrement dans un collège destiné à cette étude. (11)

Les Hollandois, fameux dans toute l'Europe par leur talent pour le commerce, joignent à ces deux langues la connoissance du Persan & du Tamoull qui leur sont très-utiles pour leurs possessions de l'Inde, de l'isle de Ceyan, de celle de la Sonde, &c. ils avoient établi successivement à Leyde, sur la côte de Tranquébar, à Colombo des imprimeries Tamoulles, d'où il n'eſt malheureusement sorti que des livres de controverse & de piété beaucoup plus propres à égarer l'esprit qu'à l'éclairer. Cependant il ne faut pas diſſimuler combien leurs presses & leurs savans orientaliſtes d'Europe ont contribué à perfectionner la connoissance de l'hébreu, de l'arabe & du persan; la plûpart de leurs voiſins se sont contentés de marcher dans les sentiers tracés par ces maîtres.

Excités par le déſir du gain & l'amour de la gloire, les Anglais seuls ont osé rivaliser les Hollandois & les ont eu bientôt surpassés en commerce, en politique & en science; propriétaires d'une des plus belles parties de l'Inde & protecteurs du trop foible souverain de ce fertile & malheureux royaume, que les brigands titrés de sa propre cour, ont réduit à implorer contre eux les secours de ses ennemis; ces insulaires entreprenans, travaillent à l'affermissement de leur puissance & à la deſtruction de leurs rivaux. Depuis le commencement du siècle, ils n'ont cessé d'élever de nouveaux établissemens sur les ruines de ceux des autres Européens; leur ambition semble s'accroître avec leurs domaines; ils ont déjà fait des tentatives contre le Thibet, & l'on sait leurs projets sûr la Chine. (12)

Croît-on qu'occupés de tant d'objets importans les membres de leur compagnie des indes, particulièrement, soient assez indiscrets pour se livrer à un genre de littérature qui n'auroit d'autre mérite que de satisfaire leur vaine curiosité, & l'attention qu'ils donnent aux langues orientales; n'est-elle pas une preuve indubitable de l'utilité qu'ils en tirent pour leur commerce, leurs opérations politiques ou militaires? Les hommes les plus distingués de l'Angleterre par leur rang & par leur mérite se font un honneur de les apprendre; le gouvernement, la Compagnie des Indes favorisent cette étude par toutes sortes d'encouragement & fournissent des sommes considérables pour l'impression des *dictionnaires*, des *grammaires* & des ouvrages relatifs à la littérature asiatique; plusieurs savans membres de cette compagnie se sont rendus disciples des Brahmanes, pour étudier le Sanskrit, la langue sacrée des Hindoux, & ils ont formé à Calcutta une société qui a déjà publié deux volumes de ses *mémoires* (13) & ont élevé dans la même ville une magnifique imprimerie d'où il sort chaque jour d'excellens ouvrages. (14)

Les mêmes motifs d'intérêt & de gloire qui animent les Anglois devroient nous exciter à les imiter ou même à les rivaliser. Nous les voyons, avec une étonnante indifférence, étendre sans cesse leurs domaines dans l'*Inde*, ils sont sur le point à chaque instant de nous en expulser & nous ne songeons pas à nous y raffermir & à partager avec eux les richesses de cette superbe contrée. Cependant qu'on examine la situation de nos ports, l'état de notre marine, la multitude de nos comptoirs, les différentes productions de nos manufactures & de notre pays, qu'on réfléchisse sur les propositions du puissant Nabab *Tippou*, (15) & sur le grand nombre de citoyens condamnés dans ce moment à une inaction involontaire, & l'on verra qu'aucune nation Européenne n'a plus de facilité & d'intérêt que nous à faire le commerce de l'Asie. Un seul moyen nous a manqué jusqu'à présent, le despotisme s'est contenté de nous le montrer, les pères de la patrie, sans-doute, nous le procureront.

Le collège royal, le seul où l'on enseigne publiquement, l'arabe, le Turc & le persan est un établissemenr d'ostentation plus propre à flatter la vanité d'un roi qu'à remplir les vues des hommes studieux. La rareté, la briéveté des leçons ne permettent pas aux maîtres de déployer leur science, ni aux élèves d'en profiter; l'insuffisance de ces leçons démontrée par l'expérience, il me paroit nécessaire de fonder à Paris & à Marseille une chaire d'*arabe*, une autre de *turc*, & une troisième de *persan*; elles ne seroient confiées qu'à des savans, naturalisés parmi les orientaux par un long séjour en Asie. Ce seroit enfin une retraite avantageuse & honnnête pour nos anciens Drogmans dont on oublie souvent les importans services. Ces Professeurs donneroient tous les matins des leçons publiques de quatre ou cinq heures. Pour moi, qui ai connu beaucoup de jeunes gens pleins de goût & de disposition pour les langues, je ne crains pas que leurs classes soient aussi peu fréquentées que celles

celles du Collége Royal, & de leur talent pour enseigner dépendra le nombre de leurs élèves. On pourroit employer à la fondation de ces chaires, les revenus destinés à l'éducation des Enfans-de-langues; établissement trop mal conçu pour échapper aux recherches de nos sages députés. Quelle inconséquence de destiner un enfant, à peine sorti du berceau, à des études pénibles, à une profession très-difficile, qui exigent une vocation particuliére ! Sur les dix élèves du collége de *Louis-le-Grand*, à peine en voit-on deux ou trois réussir. D'après l'esprit de cet établissement, on pourroit cependant le remplacer, en quelque sorte, par des récompenses sagement distribuées aux maîtres & aux élèves qui s'en montreroient dignes. On donneroit à ceux-ci les livres chers qui sont malheureusement indispensables pour ce genre d'étude; on feroit imprimer aux dépens de la caisse nationale, les ouvrages que ceux-là composeroient dans leurs heures de loisir. Ces ouvrages formeroient un article assez considérable de commerce avec les Nations voisines; & comme les caractères arabes & persans de l'Imprimerie Royale (16) imitent parfaitement le manuscrit, ils serviroient aussi à imprimer les meilleurs ouvrages de littérature & de sciences en arabe & en persan, que nous transporterions ensuite dans le Levant, en Egypte, en Barbarie, & même dans l'Inde. Ce nouvel article, très-important en lui-même, favoriseroit le débit d'une foule d'autres par les liaisons utiles & la considération qu'il nous procureroit dans ces différentes contrées. Les personnes habituées à réfléchir, n'ont pas besoin que je leur indique ici l'influence des Traductions de nos Livres sur les idées, les préjugés & le gouvernement des Orientaux. [17]

Le commerce de la Chine se trouve lié, pour ainsi dire, avec celui de l'Inde, & ne seroit ni moins considérable, ni moins avantageux, si nous savions traiter par échange, en exportant les articles que les Missionnaires & d'autres voyageurs ont pris, eux-mêmes, soin des nous indiquer [18]. Les Marchands Russes, Portugais & Anglais nous prouvent assez, par leur infatigable ardeur à traverser les immenses déserts de la Tartarie, & les dangereuses mers de l'Inde, combien on gagne à trafiquer avec la Chine. Cependant il faut l'avouer, les Européens ont éprouvé jusqu'à présent deux grands obstacles, l'interdiction de l'entrée de ce Royaume, & l'extrême difficulté de la langue; mais ces obstacles tourneroient à notre avantage, par les moyens que nous avons de les surmonter.

J'observerai d'abord que le Chinois n'est pas tellement indispensable, qu'on ne puisse facilement y suppléer, soit par le Tartare-Mantchou, soit par le Mongol, [19] qui n'en est qu'un dialecte. Le premier est aussi universellement usité que le Chinois, pour les affaires civiles, politiques & pour la littérature. Les Souverains Tartares, jaloux de conserver leur langue maternelle, non seulement ont toujours rendu leurs édits dans les deux idiômes des deux Nations, mais ils ont encore chargé de savantes Académies de traduire en Mantchou tous les bons Livres Chinois. Ces nombreuses & fideles Traductions [20] forment une collection d'autant plus précieuse pour les naturels & pour les étrangers, qu'il est très-difficile aux uns, & presqu'impossible aux autres de consulter les originaux. Elles donnent maintenant une telle importance au Mantchou, que nos savans Missionnaires, qui le trouvent incomparablement plus aisé que le langage hiéroglyphique des Chinois, s'en servent avec succès pour lire & traduire leurs ouvrages. Ils nous ont, même, vivement engagés à l'étudier en France. C'est avec les secours qu'ils nous ont procurés, que je suis parvenu à l'apprendre, à tirer de l'énorme Syllabaire Mantchou, composé de quinze cents grouppes, un *Alphabet* simple & complet de vingt-neuf lettres [21], à en faire graver les poinçons, & fondre les caractères ; enfin à rédiger le *Dictionnaire* que je publie dans ce moment, & les *Grammaires* qui doivent le suivre. Nous pourrons donc communiquer avec les Chinois, par le moyen du Mantchou, aussi facilement que les Russes, qui trafiquent avec eux, depuis un siècle passé, de la manière la plus avantageuse.

Le zèle de nos Missionnaires, pour contribuer à l'ornement de notre littérature, nous répond de celui qui les animera toutes les fois qu'ils trouveront le moyen de nous rendre des services encore plus utiles. On pourroit les charger de nos négociations à la Cour de Pé-king, & peut-être que par leur crédit auprès de l'Empereur, ils détermineroient ce Prince à nous ouvrir les ports principaux de son Royaume, & à nous permettre de penétrer même dans l'intérieur (22). La différence des marchandises & l'oppofition des routes préviendroient toute espèce de rivalité entre les Russes & nous; en outre il eft tems de nous opposer aux progrès des Anglais, qui tâchent de nous supplanter à Canton & à Macao. Ces négociations délicates exigeroient une grande sagacité de la part de ceux qui en seroient chargés. Loin de détruire la mission de la Chine, il faudroit donc l'augmenter, & n'y envoyer que des Ecclésiaftiques, qui joignissent à un véritable amour de la Patrie, de grands talens politiques & des connoissances trés-étendues dans les arts ou dans les sciences. Ces connoissances sont les uniques recommandations qu'ils puissent avoir auprès de l'Empereur, qui leur accordera une faveur proportionnée à l'utilité & aux agrémens qu'ils sauront lui procurer. Malgré les talens que nous exigeons, il seroit aisé de trouver assez de sujets capables de remplir ces importantes fonctions , & l'on pourvoiroit amplement à leur subſiſtance, en doublant la foible somme qu'on envoit chaque année à la Chine. Après y avoir passé un certain tems, ces Missionnaires politiques reviendroient à Paris pour enseigner le *Chinois* & le *Tartare* dans des chaires qui leur serviroient de retraite, & s'occuperoient de former des élèves capables de leur succéder.

TEL eſt, MESSIEURS, le rapide apperçu que j'ai cru devoir vous présenter sur un genre de littérature, dont l'utilité n'eſt pas assez connue en France. L'intérêt des lettres & l'amour du bien public, m'ont engagé à vous démontrer que, dans les circonſtances présentes, les langues Orientales acquéroient un nouveau dégré d'importance. J'oserai me flatter de n'avoir pas été tout-à-fait inutile à ma patrie, ſi la lecture de cette *adresse*, vous détermine à les admettre dans le *plan* D'ÉDUCATION NATIONALE, qui doit couronner vos importans & glorieux travaux. La crainte de devenir prolixe & ennuyeux, ne me permet pas de donner à mes idées le développement qu'elles exigent ; mais votre sagacité suppléera aisément à mon ſilence.

NOTES.

(1) Dussai-je blesser l'amour propre de mes lecteurs, je ne peux m'empêcher d'indiquer les principales causes de notre injuste dédain pour une étude aussi importante. La légereté de notre ancien caractère, incapable d'une forte & longue attention, l'indifférence du gouvernement pour les objets véritablement utiles, les sarcasmes de nos beaux-esprits, qui trouvoient plus de facilité à badiner les savans qu'à les imiter, enfin l'indulgence injurieuse de MM. les Rédacteurs de Journaux, qui aimoient mieux donner rapidement quelqu'éloge banal à un auteur, que de faire une bonne analyse de son docte Ouvrage. Ils ne peuvent se disculper d'avoir contribué, autant qu'il étoit en eux, à la chute d'un des genres les plus précieux de la littérature.

(2) Voyez le *Discours sur la littérature*

orientale, placé à la tête des *Contes, Fables & Sentences* tirés de différens Auteurs Arabes & Persans. *Paris* 1788.

(3) Un savanr Anglais, maintenant Préſident de la Société Aſiatique de Calcutta, [*M. Jones*] composa en latin, avant de partir pour l'Inde, un excellent *Traité de la Poésie Asiatique*, réimprimé en Allemagne, avec des notes, en un volume *in*-8°. C'eſt un chef-d'œuvre d'érudition & de goût. Il seroit bien nécessaire qu'on entreprît le même travail sur les autres parties de la littérature orientale.

(4) L'énumération des Hiſtoriens Arabes & Persans seroit immense. Je me contenterai d'annoncer ici qu'un Savant de mes amis, M. *Venture de Paradis*, Secrétaire-Interprête du Roi, a traduit de l'Arabe une excellente *Histoire de l'Egypte*, & une *Description* très exacte de la même contrée, depuis la conquête des Arabes jusqu'à nos jours. Cet intéressant ouvrage eſt d'autant plus précieux pour ceux qui s'occupent d'écrire l'Hiſtoire, qu'on peut compter sur la fidélité du Traducteur,

qui a passé plus de trente années en Asie & en Afrique. Il seroit à souhaiter qu'on lui procurât les facilités de publier le texte, ce qui formeroit, avec la verſion & les notes, un bon ouvrage claſſique pour ceux qui étudient les langues orientales.

[5] Les Arabes & les Persans ont une foule de Contes, non moins intéressans que les *Mille & une Nuits.* Je citerai ceux attribués au *Cheikh*, *Mohammed Bahloul*, & dont je posséde un Manuscrit, que j'ai traduit presque tout entier, *les Avantures d'Antar*, *les Amours de Medjenoun et de Leïlah*, *le Gulistan de Sa'ady*, dont j'ai fait une traduction complette, le *Boustan* du même Auteur, dont je m'occupe maintenant. *&c. &c.*

(6) Les plus anciennes Fables connues, sont originaires de l'Ethyopie, ou plutôt de l'Inde. *Pidpay*, à qui on les attribue, paroît être un nom supposé. Je ne répéterai pas ici les longs détails que j'ai donnés sur ces Fables & sur leur Auteur, dans mon *Discours sur la Religion*, *la Littérature*, *les mœurs des Hindoux.* Au

reſte, il eſt certain que l'Apologue eſt né dans l'Aſie, & que les Aſiatiques ont pluſieurs recueils de Fables très-intéressantes, telles que celles de *Pilpay*, de *Lokmann*, &c.

(7) Parmi ces catalogues, on doit diſtinguer la *BIBLIOTHECA Arabico-hispana* du savant *Casiri*, imprimée par ordre & aux frais de Sa Majeſté catholique, & les *NOTICES des manuscrits de la bibliothèque du Roi, lus au comité établi par Sa Majesté, dans l'académie des Inscriptions & Belles-Lettres.* Ce travail qui annonce un goût éclairé pour les beaux-arts, de la part du gouvernement, va nous donner une juſte connoissance de toutes les richesses enfouies jusqu'à ce jour, dans l'immense & précieuse collection des manuscrits du Roi. Les premiers volumes doivent nous faire déſirer de voir paroître les suivans. Les notices des manuscrits Arabes & Persans, faites par MM. *de Guignes* & *Silvestre*, prouvent leur connoissance dans les langues Orientales & jettent beaucoup de lumières sur la géographie, sur l'hiſtoire politique & naturelle de l'Aſie. La même bibliothèque renferme pluſieurs centaines

de Manuscrits Mantchoux, dont nos savans n'ont pu encore s'occuper faute de savoir le Tartare ; j'avois entrepris d'en extraire quelques uns ; mais l'impreſſion du *dictionnaire*, la rédaction des *grammaires*, & plus encore, les dérangemens occaſionnés par la révolution, m'ont forcé de suspendre ce travail ; j'attends avec impatience le moment où il me sera permis de le reprendre.

(8) Des savans diſtingués, m'ayant observé que les travaux des Espagnols sur la littérature Orientale, sont peu connus en France : je crois devoir apprendre au lecteur que, depuis quelques années, ils ont publié différentes *Grammaires Arabes*, un excellent *Dictionnaire Espagnol, Latin & Arabe*, par le P. *Canès*, en 3 volumes *in-folio*, magnifiquement exécutés & le Catalogue des Manuscrits Arabes de la bibliothèque de l'Escurial, par un Maronite nommé *Casiri*. Ce Catalogue imprimé aux dépens de Sa Majesté catholique, en 2 volumes *in-folio*, eſt un chef-d'œuvre d'érudition & nous n'avons à lui opposer que les *Notices des Manuscrits du Roi*, dont l'Académie des Inscrip-

tions, a déjà publié deux volumes; mais où l'on regrette de ne pas trouver, comme dans la *Bibliotheca Arabico-hispana*, le texte original des extraits.

(9) J'ai souvent accompagné ce Musulman dans nos promenades publiques, qu'il préféroit à celles de son pays; mon plus grand plaisir étoit de lui faire estimer les femmes qui me paroissoient attirer son attention; il s'attachoit beaucoup à l'embonpoint. En effet, « un visage de pleine lune, deux grosses pommes de grenades, & des reins comme des coussins », voilà une beauté à la Turque.

[10] MM. *Vansittart* & *Hastings*, se proposoient d'établir à Oxford, un collège pour le Persan. Le dernier a publié une brochure pour prouver *la grande importance* & *l'utilité* de cette langue. Feu M. le Major *Davy*, membre de la société de Calcutta, a fait aussi imprimer une longue lettre sur le même objet, j'engage instamment mes lecteurs à la parcourir, ils seront frappés de l'évidence des faits, de la justesse des remarques & des observations présentées par

ce savant. Il ne craint pas d'assurer & se flatte même, de *prouver que l'étude du Persan, sous un point de vue politique, mérite les plus grands encouragemens*, page LV.

L'élégant hiſtorien de l'Inde, M. *Orme*, prévient ses compatriotes sur le danger de confier leurs négociations politiques dans l'Hindoſtan, à des interprêtes du pays, & prouve l'indispensable néceſſité de n'y employer que des Anglais bien versés dans les langues de l'Inde. Voyez *History of the military transactions of the British nation in Hindostan*. Tome premier, page 350.

(11) Marie-Thérese, reine de Hongrie, crut qu'il étoit de son intérêt de favoriser l'étude des langues orientales; elle donna donc de grands encouragemens aux éleves qui étudioient ces langues à Vienne, & fournit les sommes nécessaires tant, pour une nouvelle fonte des caractères Arabes de *Méninsky*, que pour une nouvelle édition de l'excellent *Dictionnaire Arabe, Turc, Persan* de cet immortel savant. Cette édition fut confiée à d'excellens proffesseurs de Vienne, qui l'enrichirent de pré-

tieuses additions ; il est facheux qu'ils n'ayent publié que les deux premiers volumes, on attend les suivans avec bien de l'impatience.

On me dispensera de parler ici des autres ouvrages publiés par les Allemands, sur les trois langues Orientales modernes ; l'énumération en seroit immense, il me suffira de renvoyer le lecteur à une excellente dissertation placée à la tête de la nouvelle édition du DICTIONNAIRE de *Meninsky*, intitulée *De Fatis Linguarum Orientalium* à l'*Orientalische und exegetische Bibliothec.* du savant, M. Michaelis & a une excellente histoire générale de la littérature orientale, composée aussi en Allemand par M. *Wahl*, & intitulée, *Allgemeine geschichte der morgenladischen sprachen und litteratur*, &c. von *Sam. Günther Wahl.* Leipzig 1784. *in*-8°. un volume. Je me propose de publier une traduction françoise de cet ouvrage, avec des additions considérables.

[12] Un Officier Anglais attaqua derniérement, & prit une Ville dépendante du Thibet. Ses Soldats pillerent les Temples, & lui apporterent plusieurs petites idoles d'argent creuses.

Elles contenoient des Reliques de la Garde-Robe du Grand Lama. Ce Vicaire de Dieu, immortel comme celui dont il prétend tenir la place sur la terre, envoye ces présens odoriférens, en retour de l'or qu'il reçoit des Princes Tartares.

(13) J'ai entrepris de donner l'*Abregé* de ces *Mémoires* en Français ; les deux premiers volumes sont maintenant sous presse ; les notices intéressantes & utiles qu'ils contiennent, seront autant d'autorités en faveur de cet écrit, & nous feront encore mieux connoître toute l'étendue du commerce de l'Inde, d'où l'on pourroit tirer une foule d'objets précieux & inconnus jusqu'à présent en Europe. Cette docte association d'Anglais dans l'Inde, dans le même pays, où d'anciens Philosophes allerent étudier les sciences & la sagesse, annonce une grande idée vraiment digne du grand Peuple qui l'a conçue. Ces Savans la remplissent parfaitement par leurs immenses travaux ; l'Histoire naturelle, civile, la littérature, les antiquités, les sciences & les arts de l'Asie, ils embrassent & approfondissent tout.

[14] Cette magnifique Imprimerie de Calcutta possède de superbes caractéres Persans & Indiens gravés par M. Charles *Wilkins*, si célèbre en Europe par son érudition Sanskrite. L'énumération des ouvrages sortis de ces presses seroit trop longue. Le plus précieux, après les *Mémoires Asiatiques*, est une traduction abregée des COMMENTAIRES *du grand Mogol Akbar*, qui contiennent un état exact de l'Inde, la description historique de toutes les Provinces de ce Royaume, leurs productions, leur industrie & leur commerce. Dans des tems plus paisibles, je pourrai donner une traduction française de ces COMMENTAIRES, d'après un excellent Manuscrit Persan de la Bibliothèque du grand Mogol, que m'a communiqué un savant Officier Anglais de mes amis, (M. le Colonel *de Polier*, qui a résidé trente ans dans l'Inde, d'où il a rapporté beaucoup de richesses littéraires.) La traduction anglaise ne renferme tout au plus que les deux tiers de l'original, & manque des notes nécessaires pour l'intelligence d'un pareil ouvrage.

[15]

[15] Par une conséquence naturelle de l'ignorance de notre ministère & de la nation entière, sur tout ce qui concerne l'Asie, l'importante ambassade de *Tippou*, n'a été pour nous qu'un vain objet de curiosité dont le commerce n'a ressenti aucun des avantages qu'elle pouvoit lui procurer. Sans faire ici l'examen des pitoyables articles conclus entre le Nabab & la cour de Versailles, je me contenterai d'engager notre auguste Assemblée Nationale à revenir sur cette stupide négociation & à profiter des offres du Prince Indien. Il n'y a pas de circonstance plus favorable que l'expiration du bail de la compagnie Anglaise des Indes Orientales, qui va nécessairement causer du trouble dans le commerce de l'Angleterre.

[16] Ces magnifiques caractères ensevelis dans l'oubli depuis le siécle dernier ont été retrouvés à l'Imprimerie Royale, sous le ministère de M. *le Tonnelier* (*de Bréteuil*), qui en avoit ordonné des fontes considérables, & qui se proposoit de faire rétablir les poinçons cassés ou perdus. Ce ministre, zèlé protecteur

des lettres, saisissoit avec empressement tous les moyens de les encourager; on sait les importans services qu'il leur a rendus, & nous eussions vu paroître sous *Louis XVI*, des ouvrages aussi beaux & plus utiles que ceux qui ont illustré le siécle de *Louis XIV*. Plein de confiance dans la sagesse, & les lumières de nos représentans, j'aime à croire que la révolution a seulement suspendu des travaux si glorieux, si importans pour la patrie. Et l'établissement de la liberté, ne sera pas moins favorable aux beaux arts que l'empire du despotisme.

[17] Cependant nous ne pourrions envoyer en Asie les traductions de nos ouvrages politiques & philosophiques, qu'après avoir, pour ainsi dire, apprivoisé les orientaux. Il faudroit même bien se garder dans les commencemens d'imprimer leurs traités de religion & de jurisprudence.

[18] *Voyez* dans le tome VIII des MÉMOIRES *sur les Arts*, *les Sciences* des Chinois, pag. 267, une notice, *sur les objets à importer en*

Chine, consultez auſſi *l'Ambassade des provinces Unies au Khan de Tartarie*, par *Nieuhoff*, les *Mémoires* du P. le Comte, l'ouvrage du P. du *Halde*, le *Reise Durch Verschidene* &c., de M. *Pallas*, l'intéressant voyage de M. de *Lessps*, le compagnon de M. de la *Peyrouse*, les *nouvelles découvertes des Russes, par M. Coxe*, page 286. Le chapitre IV qui traite du commerce des Russes avec les Chinois, renferme les détails les plus curieux & les plus intéressans, sur les opérations de ces deux peuples. Le tableau des différens articles, soit d'importation soit d'exportation, suffit pour *montrer de quelle importance le commerce de la Chine est pour la Russie*. J'engage inſtamment mes lecteurs à parcourir ce chapitre qui finit ainſi : « *Le total du commerce de la Chine*, » [avec la Ruſſie] *est d'environ quatre mil-* » *lions de roubles*, » dix-huit à vingt millions de livres tournois.

[19] « La plupart des négocians Chinois » entendent la langue Mongole, dans laquelle » se traitent ordinairement toutes les affaires » de commerce, &c. *Découvertes des Russes*, » pag. 286 & 287. »

* Il faut observer que M. *Coxe* ne parle ici que d'après M. *Pallas* [*Reise Durch Verschiedene Provinzen des Russischen Reichs*, III part. pag. 134], qui comme plusieurs autres savans Allemands & Russes, confondent les Mongols avec les Mantchoux. Ils nomment ces derniers, Mongols Orientaux. *Voyez* les notes à l'*Histoire généalogique des Tartares d'Aboulghazi. Mullers Saml. Russ. Geschichte*, *Voyage d'Antermony*. Passim. Ainsi je serois très porté à croire que par cette *langue Mongole*, l'auteur à voulu désigner le Mantchou si repandu dans toute la Chine, depuis l'invasion des Tartares. Quoiqu'il en soit, j'ai trouvé tant d'analogie entre l'Idiôme employé par les véritables Mongols ou Tartares Occidentaux & celui des Mantchoux, ou Tartares Orientaux, que la connoissance de l'un donne aisément celle de l'autre. Mais je n'hésiterai pas à accorder la prééminence au Mantchou, du moins il est bien plus riche & plus perfectionné que le Mongol. Ce qui me prouve encore que cette langue Mongole, dont parle *Pallas* n'est autre que le Mantchou, c'est qu'un savant Allemand, M. *Wahl*, cite un Dictionnaire Chinois-Mantchou auquel on avoit ajouté une traduction

Russe & Latine, pour l'usage de l'ambassadeur de la cour impériale auprès de l'Empereur de la Chine. Voyez *Allgemeine Geschichte der Morgenlandischen Sprachen und litteratur, von Günther Wahl.* Tab. 1.

[20] La bibliothéque du Roi renferme plusieurs centaines de volumes Mantchoux qui sont pour la plupart des traductions d'ouvrages chinois rélatifs à la religion, à l'histoire & à la politique de ce royaume. Personne n'ayant pu encore en déchiffrer, seulement les titres, ils n'ont été jusqu'à présent, qu'un vain objet de curiosité. Mes occupations ne m'ont pas encore permis de reprendre le travail que j'avais commencé sur ces manuscrits, avant la révolution.

[21] *Voyez* sur cette découverte mon ALPHABET TARTARE MANTCHOU, page 14 de la première édition & 16 de la seconde, inserée à la tête du premier volume du DICTIONNAIRE & les DÉTAILS *littéraires & Typographiques, rélatifs au Dictionnaire & aux Grammaires Tartares-Mantchoux*, placés à la tête du troisième volume, du même DICTIONNAIRE MANTCHOU.

[22] Leur demande ne choqueroit pas l'Empereur autant qu'on pourroit le penser. Les Russes en ont déjà obtenu l'entrée plusieurs fois, ils envoyoient chaque année une caravanne à Pe-king, où elle étoit défrayée aux dépens de l'Empereur, ils y avoient même fait construire une factorerie & une église, où ils professoient publiquement la religion Grecque, enfin ils avoient un Résident perpétuel à la cour de la Chine; ils ont été chassés de la capitale & du royaume à cause de leurs débordemens & de tous les désordres qu'ils commettoient. Cependant on rétablit, en 1780, les caravannes Russes qui ne vont pas maintenant au de-là de Kiachta. Voyez le *Journal de Lange*, le *Voyage d'Isbrand Ives*, celui de *Bell d'Antermony*. Tome II. page 50; le douzième volume de l'*Histoire générale de la Chine*, *du P. de Mailla*, page 66 & suivantes. *Nouvelles découvertes des Russes*, page 256 & suivantes.

« Les missionnaires étant les seuls Européens
» qui pénètrent dans l'intérieur de la Chine, de
» la Cochinchine, du Tunquin, dans le royaume
» de Siam, &c. ils peuvent seuls avoir &
» fournir des notions exactes sur plusieurs objets

» dont il seroit intéressant pour la France d'être
» instruite. Leurs travaux sont très-propres à
» leur attacher l'affection de ceux qu'ils ins-
» truisent & même l'estime de ceux qui ne sont
» que témoins de leur conduite. . . . . Souvent
» ils ont fait tourner cette affection & cette
» estime qu'ils s'étoient acquise à l'avantage
» de leurs compatriotes.. . . . . Ce sont les
» missionnaires qui ont donné lieu au com-
» merce que la France a entrepris dans les
» pays Orientaux & à la formation de la pre-
» mière Compagnie des Indes. . . . . . Ils
» ont rendu une infinité de services en différens
» pays aux commerçans de la nation.... En
» 1786, 1787, & 1788, leur procureur ré-
» sidant à Macao, a eu l'avantage de se rendre
» utile aux officiers & aux équipages de plu-
» sieurs vaisseaux François expédiés vers ces
» plages.... Il n'a pas tenu à M. l'évêque
» d'Adran, qui en 1787, amena le fils unique
» du Roi de la Cochinchine à Paris, de pro-
» curer à la France, dans les États de ce
» prince, un port de la plus grande impor-
» tance. Mais ses vues n'ont pas été secondées,

» malgré les avantages qui résulteroient pour » nous du commerce de ce royaume. »....

Je bornerai ici mon extrait, en priant le lecteur de consulter *l'Adresse des Missions étrangères à l'Assemblée Nationale*, où je l'ai puisé, Cette Adresse mérite d'être lue avec attention ; on a aussi remis au Comité des Finances, un *Mémoire* particulier pour la mission de la Chine.

FIN.

www.ingramcontent.com/pod-product-compliance
Lightning Source LLC
LaVergne TN
LVHW050217180726
843501LV00013BA/2038